Les histoires de grand-père

Chantal Crétois est née à Barbezières en 1955. Elle se consacre à plein temps à... ses cinq enfants. Elle arrive parfois à leur échapper pour écrire des histoires. Mais elle revient bien vite leur lire ce qu'elle a inventé. Ses livres sont parus chez Castor Poche. Elle travaille régulièrement pour Bayard Presse.

Du même auteur dans Bayard Poche :
L'exploit de Gara (J'aime lire)

Lucy Brum est née en 1965 à Londres. Ses parents sont tous les deux illustrateurs. Après des études aux Beaux-Arts de Winchester, elle devient illustratrice. Elle travaille avec sa mère, Helen Oxenbury, sur la série Léo et Popi publiée par le magazine *Popi* et Bayard Éditions.

À Julien et Hélène,
à Élise, Antoine et Jean-Baptiste

Deuxième édition

Dépôt légal : février 2003
Loi du 16 juillet 1949 sur les publications destinées à la jeunesse

Les histoires de grand-père

Une histoire écrite par Chantal Crétois
illustrée par Lucy Brum

LES BELLES HISTOIRES
BAYARD POCHE

Au fond du potager*, près du pot cassé,
habite une famille souris.
La fille aînée s'appelle Lili.
Lili a de jolies moustaches grises
et de grands yeux noirs qui brillent.
Comme elle est la plus grande,
elle s'occupe souvent de ses jeunes sœurs,
Mimi, Didi, Riri et Nini.
Elle aime bien rire et jouer avec les petites.

* Ce mot est expliqué page 28, n° 1.

Mais le soir, quand les quatre petites sœurs
se précipitent sur les genoux
de papa et de maman souris,
Lili a beau être grande, elle fait la grimace:
un genou pour chaque petite,
il ne reste plus de place pour Lili !
Maman souris lui dit avec un gentil sourire :
– Voyons, Lili, tu es grande.
Viens t'asseoir près de moi !
Mais ce n'est pas la même chose...

Heureusement, il y a grand-père souris.
Il regarde Lili, et on dirait
qu'un petit rire joue à cache-cache
derrière ses grosses moustaches blanches.
Pas un rire pour se moquer, non !
Grand-père souris n'aime pas se moquer.
Juste un petit rire pour donner envie d'être heureux.
Alors, de sa voix qui chevrote* un peu, il propose :
– Viens, Lili, je vais te raconter une histoire...

* Ce mot est expliqué page 28, n° 2.

La tristesse de Lili aussitôt s'envole.
Lili se précipite vers grand-père souris,
et ses petites sœurs la rejoignent bien vite,
car c'est un de leurs grands bonheurs
de s'asseoir aux pieds de grand-père souris
pour écouter ses histoires :
l'histoire de la Belle Souris au Bois Dormant,
celle de Blanche-Souris,
celle de la Belle Souris et la Bête...
Grand-père souris s'installe
sur la grande pierre plate où il aime s'asseoir
et de sa voix qui tremblote*, il raconte.
Les petites souris ne bougent plus.
Elles sont là, bouche ouverte,
et leur cœur bat très vite
quand la méchante sorcière jette un sort
à Belle Souris !

* Ce mot est expliqué page 28, n° 2.

Papa souris et maman souris
s'approchent sur la pointe des pattes.
Maman souris pose sa tête
sur l'épaule de papa souris
et leurs yeux s'emplissent de rêve...

Mais un soir, un soir d'automne,
un soir aux feuilles jaunes,
les petites se sont installées
sur les genoux de leurs parents.
Et ce soir-là, grand-père souris n'appelle pas Lili
avec son bon sourire moustachu.
Lili jette un regard inquiet à grand-père souris.
Il est là, le nez penché. Il ne bouge pas.
Lili s'approche à petits pas :
– Grand-père ?
Grand-père souris lève des yeux pleins de brume :
– Je suis bien fatigué, ce soir, ma petite Lili...
Le cœur de Lili se serre.
Elle a peur tout d'un coup, elle ne sait pas de quoi.
Alors, sans bruit,
elle s'assied aux pieds de grand-père souris
et elle ferme les yeux.

Le lendemain, papa souris et maman souris serrent leurs cinq filles contre eux, très fort. Grand-père souris est mort.

Maman souris a enveloppé le corps
de grand-père souris
dans une grande feuille de rhubarbe*.
Papa souris le dépose dans le trou
qu'il a creusé au pied du chrysanthème jaune.
Chaque petite souris,
cachant son chagrin dans son mouchoir,
va cueillir un brin de bruyère*.
L'une après l'autre, les pattes tremblantes,
elles le posent sur la poitrine de grand-père souris.

* Ces mots sont expliqués page 28, n° 3
et page 29, n° 4.

Les jours passent.
Lili et ses petites sœurs ont recommencé à courir dans les sillons* du potager.
Mais parfois, elles s'arrêtent brusquement et leur sourire vacille*. Le soir, surtout.

Alors elles s'approchent de la grosse pierre plate où grand-père souris aimait s'asseoir.
Et, du bout de la patte, elles la caressent.
Papa et maman souris parlent souvent de leurs petites, le soir, dans leur lit.
Ils sont bien tristes, eux aussi, sans grand-père souris.
Mais ils sont tristes aussi de voir leurs filles si tristes.
Ils voudraient trouver les mots à leur dire,
les mots qui consolent,
les mots qui ramènent un peu de sourire
sous les petites moustaches.
Ils cherchent. Ils essaient. C'est si difficile !

* Ces mots sont expliqués page 29, n° 5 et n° 6.

Mais un soir, un soir de printemps,
un soir aux fleurs toutes blanches,
un soir aux feuilles toutes neuves,
on entend soudain Didi :
– Lili, Lili !
Lili ne répond pas.
Mais Didi ne se décourage pas.
D'une drôle de petite voix elle demande :
– Lili, tu t'en souviens…
tu t'en souviens, des histoires
de grand-père souris ?

Lili fait un signe de la tête.
Si elle s'en souvient ? Elle a de ces questions, Didi !
Bien sûr, elle s'en souvient !
Elle n'en a pas oublié une miette !
L'histoire de la Belle Souris au Bois Dormant,
l'histoire de Blanche-Souris,
celle de la Belle Souris et la Bête...
Alors Didi prend la patte de Lili.
Elle tire sa sœur vers la grosse pierre plate,
celle où grand-père souris aimait s'installer.

Lili hésite avant de s'asseoir, elle n'ose pas.
Mais déjà les quatre petites sœurs sont autour d'elle.
Mimi demande timidement :
– Tu crois que tu pourrais... ?
Enfin, Lili se décide.
Elle s'assied, elle ferme les yeux.
Et d'une voix un peu tremblante, elle commence :
– Il était une fois, il y a bien longtemps,
dans le beau pays des Souris...
Au début, c'est difficile,
les mots se mêlent dans sa bouche,
ses yeux piquent.
Puis, tout doucement, la tristesse s'éloigne.
Les petites se sentent enveloppées par les mots,
par l'histoire qu'elles aimaient,
l'histoire que grand-père souris racontait.

Et Lili raconte, raconte...
Papa et maman souris s'approchent eux aussi.
Ils ne font pas de bruit.
Ils n'osent pas dire que Lili a beaucoup raconté,
ils n'osent pas dire qu'il est bien tard.
Non. Ils écoutent eux aussi.
Et leurs yeux se mettent à briller
aussi fort que ceux de leurs filles.

Les mots de l'histoire

1. Le **potager** est la partie d'un jardin où l'on fait pousser les légumes.

2. Les gens très vieux ont parfois la voix qui tremble un peu. Leur voix **tremblote**. On dit aussi qu'elle **chevrote**, comme celle des chèvres.

3. La **rhubarbe** a de très grandes feuilles. Avec les tiges, on fait des compotes ou des confitures.

4. La **bruyère** est
un buisson couvert
de toutes petites fleurs
roses, violettes
ou blanches.

5. On sème
les graines
dans de longues
fentes creusées
dans la terre,
les **sillons**.

6. Quand une lumière se met à trembler,
prête à s'éteindre, elle vacille.
Quand on a du chagrin
et qu'on essaie de sourire
quand même, c'est
un sourire qui **vacille**.

LES BELLES HISTOIRES

Le plaisir des premières histoires partagées

Se faire peur et frissonner de plaisir — Rire et sourire avec

des personnages insolites — Réfléchir et comprendre la vie de

tous les jours — Se lancer dans des aventures pleines de

rebondissements — Rêver et voyager dans des univers fabuleux

Le magazine qui donne des ailes à l'imagination

Partagez avec votre enfant de vrais moments d'émotion et de découvertes.

Chaque mois ***Les Belles Histoires*** prêtent leurs pages à un auteur et un artiste pour mettre en scène une grande et belle histoire.

Et pour que les enfants continuent à rêver, ***Les Belles Histoires*** leur offrent tous les mois 4 cartes à collectionner pour imaginer et inventer d'autres histoires.

Disponible tous les mois chez votre marchand de journaux ou par abonnement.

Achevé d'imprimer en février 2003 par Oberthur
35 000 RENNES – N° Impression :4652
Imprimé en France